SCRIPTS HYPNOTIQUES

EN HYPNOSE ERICKSONIENNE ET P.N.L.

Constant WINNERMAN

SCRIPTS HYPNOTIQUES

EN HYPNOSE ERICKSONIENNE ET P.N.L.

SCRIPTS HYPNOTIQUES EN HYPNOSE ERICKSONIENNE ET P.N.L.

Copyright © 2009 Constant Winnerman, *Winnerman Productions E.U.R.L.*

Tous droits réservés. Toute reproduction, même partielle, du contenu, de la couverture, par quelque procédé que ce soit (électronique, photocopie...) est interdite sans autorisation écrite de *Winnerman Productions E.U.R.L.*

Édition : BoD – Books on Demand, info@bod.fr.

Impression : BoD – Books on Demand, In de Tarpen 42, Norderstedt (Allemagne
Impression à la demande

ISBN: 978-2-8106-0443-2

Dépôt légal: Novembre 2009.

Je dédie ce livre à tous ceux qui partagent ma grande passion pour l'Hypnose.

Je dédie également cet ouvrage à mon fils, Alexis.

Constant WINNERMAN.

Sommaire

A propos de l'Auteur

L'Auteur   **11**

A propos de ce livre

Avertissement   **13**

Scripts Hypnotiques   **15**

Hypnose profonde   **17**
Arrêter de fumer   **25**
Perdre du poids   **31**
Retrouver confiance en soi   **37**
Redorer l'estime de soi   **43**
Retrouver l'enthousiasme   **55**
Se détacher du regard des autres   **61**
Régression Hypnotique   **65**

A découvrir…   **73**

Auto-Hypnose : Mode d'emploi   **75**
Formations et stages en Hypnose   **77**

A propos de l'Auteur

Constant WINNERMAN est le fondateur de l'Ecole Française d'Hypnose, au sein de laquelle il a animé de nombreuses formations.

Constant s'est formé à l'Hypnose et à la PNL en 2003.

Depuis 2012, Constant n'exerce plus.

A propos de ce livre

L'auteur tient particulièrement à rappeler au lecteur, ou à l'informer, que la pratique de l'Hypnose dans le cadre de la relation d'aide est une approche « **Utilisationnelle** »; entendez par là « qui utilise ce que le sujet et l'environnement présentent ». En conséquence, une séance d'Hypnose est unique, différente de toutes les autres, et n'est donc pas reproductible à l'identique. La séance se construit sur l'instant en fonction des réactions « calibrées » (c'est-à-dire recueillies, le plus souvent aux niveaux Visuel et Auditif) chez le sujet par le Praticien. Par conséquent, il n'est pas concevable qu'une séance d'Hypnose soit totalement préparée à l'avance, et dans l'idéal, les Scripts Hypnotiques exposés dans ce livre constitueront seulement pour le lecteur une source d'inspiration et des bases de travail pour sa pratique.

Cet ouvrage est prioritairement destiné aux personnes pratiquant déjà l'Hypnose et/ou la P.N.L.

SCRIPTS HYPNOTIQUES

EN HYPNOSE ERICKSONIENNE ET P.N.L.

A noter: Dans les Scripts Hypnotiques qui suivent, les mots en lettres majuscules sont saupoudrés* et les fautes d'orthographe sont volontaires.

* Le *Saupoudrage* est une technique de communication subliminale, consistant à « marquer », à « appuyer » certains mots d'une phrase, qui mis bout à bout, forment des suggestions destinées à l'Inconscient du sujet.

Pour parvenir à un résultat satisfaisant, vous devrez prendre le temps de vous entrainer à pratiquer.

Le *Saupoudrage* peut être :

- Visuel : En associant les mots saupoudrés à un geste.

- Auditif : En prononçant les mots saupoudrés de façon légèrement différente des autres mots de la phrase, et en plaçant un bref silence avant et après (représenté dans cet ouvrage par trois pointillés « ... »). Certains verbes à l'infinitif sont conjugués dans leur prononciation.

- Kinesthésique : En touchant physiquement la personne à chaque mot saupoudré (certains le font spontanément !).

Hypnose profonde

Cette séance peut constituer un véritable atout au quotidien. Aussi efficace mais plus courte qu'une nuit de sommeil, elle vous permettra de recharger vos batteries et de poursuivre la journée dans un état plus calme et positif.

Fixation d'un point

Peut-être pouvez-vous commencer à fixer un point devant vous, sur le mur par exemple. A partir de maintenant, seul ce point vous intéresse. Soyez bien attentif. Peut-être que vous pouvez vous intéresser à sa(ses) couleur(s), sa forme, sa taille.

Fermez les yeux. Peut-être que vous pouvez déjà... RESSENTIR... une... LEGERE DETENTE... à l'intérieur de vous-même. Goutez-la, ... APPROFONDISSEZ-LA...

Ouvrez les yeux et fixez le point devant vous. Peut-être auriez-vous préféré les... GARDEZ FERMEZ... pour... CONSERVEZ CET ETAT... de... RELAXATION AGREABLE... Soyez bien attentif.

Surtout ne... LAISSEZ... pas... VOTRE ESPRIT S'ECHAPPER..., soyez particulièrement attentif au point devant vous. Faites comme si le point allait s'... ECHAPPEZ... et que vous deviez le surveiller.

Peut-être que vous pouvez observer le point d'un regard critique, comme pour le noter, le considérer.

N'... ENTREZ... pas... DANS CET ETAT... avant d'avoir... FERMEZ LES PAUPIERES.

Laissez ces... PAUPIERES... se... FERMEZ... un moment. Très bien.

Durant cette séance, si l'une de mes suggestions ne vous convient pas, vous pouvez la laisser de côté et juste... GARDEZ CE QUI EST BON POUR VOUS... A tout moment, vous pouvez bouger, changer de position pour... DAVANTAGE DE CONFORT..., bailler, vous gratter; car ce qui est important, c'est que vous... SOYEZ BIEN...

Alors que ces paupières sont fermées, soyez un moment attentif à ce qui se passe à... L'INTERIEUR DE VOUS-MEME...; à ce volume respiratoire par exemple... Chaque inspiration, chaque... RELACHEMENT... Comme ça, très bien.

Plus vous inspirez, comme ceci, alors que vous soufflez, comme cela, et plus certaines parties du corps se... RELÂCHE... se DETEND...(-ENT). Vous pouvez être curieux de savoir quelles sont les parties du corps les plus... DETENDUES...

Peut-être ce bras gauche... REPOSEZ... par ici, ou le bras droit... REPOSEZ... par là. Peut-être l'une ou l'autre de ces deux jambes, peut-être même la tête ? ... DETENDEZ-VOUS...

<u>Contraction / Décontraction musculaire</u>

Concentrez votre attention sur cette main droite. Lorsque je vous le dirai, vous fermerez très fort ce poing droit, de toutes vos forces. En le fermant, vous ressentirez une tension et vous vous concentrerez sur elle un moment.

Allez-y. Fermez très... FORT... ce poing droit, de toutes vos forces, encore, davantage. Ressentez la tension dans ce poing droit, goutez-la.

...RELACHEZ DOUCEMENT..., ...TOUT DOUCEMENT... Chaque doigt de la main droite s'ouvre... TOUT DOUCEMENT... RESSENTEZ... la... RELAXATION... qui remplace la tension et qui ne se... PROPAGE... pas... TOUT DE SUITE... dans l'avant-bras, comme... DANS LE RESTE DU CORPS TOUT A L'HEURE...

Recommencez. Fermez très... FORT... ce poing droit, de toutes vos forces, encore, davantage... Ressentez encore la tension dans ce poing droit, goutez-la. Et... RELACHEZ DOUCEMENT, TOUT DOUCEMENT... Très bien.

Concentrez-vous sur la main gauche, voyez-la en imagination. Lorsque je vous le dirai, vous ferez la même chose avec ce poing gauche.

Allez-y. Fermez très... FORT... ce poing gauche, de toutes vos forces, encore plus... FORT..., davantage, allez au bout de cet ef-...FORT... RESSENTEZ... la tension dans ce poing gauche.

Très bien. Vous pouvez... RELACHEZ...

Recommencez. Fermez le poing gauche le plus... FORT... possible, toujours... PLUS FORT..., jusqu'à ce qu'il vibre... RELACHEZ...

Parfait.

... RESSENTEZ... la... RELAXATION PLUS PROFONDE... qui se propage dans le corps, cette... DETENTE AGREABLE...

Travaux respiratoires

Intéressez-vous à ce volume respiratoire, à chaque… INSPIRATION… comme ceci, et à chaque… RELACHEMENT… comme ça.

Vous… INSPIREZ… et vous… RELACHEZ… A chaque fois que vous… RELACHEZ… vous vous sentez de plus en plus… RELAXEZ…

Peut-être que vous pouvez imaginer que l'air qui vous entoure est comme quelque chose de pure qui coule dans les poumons à chaque inspiration.

Dans un instant et après avoir pris une grande et… PROFONDE… inspiration, vous bloquerez un moment la respiration.

Inspirez… PROFONDEMENT… Bloquez la respiration et… SENTEZ… cet air à l'intérieur de vous-même. Imaginez qu'il… NETTOIE… les tensions accumulées.

Soufflez; imaginez cet air qui importe avec lui ces tensions dont… VOUS VOUS LIBEREZ… Envoyez ces tensions très loin là-bas devant.

Très bien.

Continuez à votre rythme à inspirer… PROFONDEMENT… à bloquer la respiration un moment puis à… RELACHEZ…

A chaque fois que vous soufflez, vous vous sentez de plus en plus… RELAXEZ…

Dissociation

Peut-être que vous pouvez vous imaginer de l'extérieur; … VISUALISEZ… les couleurs des vêtements, des chaussures. Alors que… VOUS ENTENDEZ MA VOIX… et peut-être même cette respiration, vous… RESSENTEZ… le contact entre les pieds et le sol, entre la peau et les vêtements, … COMME CET ETAT DEUX FOIS PLUS PROFOND…

Lieu agréable

Je vous propose de vous… IMAGINEZ UN BEL ENDROIT… Intéressez-vous au décor, aux couleurs, aux détails de ce lieu.

Alors que vous… VISUALISEZ CE LIEU… qui vous plait, je vais me taire un moment. Lorsque vous réentendrez ma voix, … CES IMAGES… seront encore… PLUS CLAIRES, PLUS BELLES… et vous serez… TOTALEMENT… et… PROFONDEMENT DETENDU…

DETENDEZ-VOUS…

Pensez… Je me… DETENDS… Je me… DETENDS…

Comme vous pensez je me… DETENDS… et que vous entendez… DETENDEZ-VOUS…, cet état s'… APPROFONDIS. Alors que cet état s'… APPROFONDIS…, pensez je me… DETENDS, je me… DETENDS…

… DETENDEZ-VOUS…

Approfondissement de l'état

Alors que vous déglutissez à certains moments ou à d'autres, n'… N'APPROFONDISSEZ… pas… CET

ETAT... TOUT DE SUITE..., peut-être... DAVANTAGE... et... PLUS PROFONDEMENT...

Je me demande si vous êtes capable de penser à un escalier qui... DESCENDS... qui... DESCENDS... Comme ça, très bien, et de plus en plus... PROFONDEMENT.

Plus vous... DESCENDEZ... cet escalier et plus cet état s'... APPROFONDIS...

Je vais me taire un moment pour vous permettre de... PROFITEZ... de ce... CALME... Ne... SOYEZ... pas... EN PLEINE FORME... avant d'avoir réentendu... DETENDEZ-VOUS...

... DETENDEZ-VOUS...

Prenez plusieurs grandes et profondes inspirations. Inspirez... PROFONDEMENT..., ... RELACHEZ COMPLETEMENT... C'est bien.

Inspirez... PROFONDEMENT..., ... RELACHEZ COMPLETEMENT...

Alors que vous inspirez... PROFONDEMENT... et que vous soufflez, vous serez... PROFONDEMENT RELAXEZ... pour le reste de la journée.

<u>Réassociation</u>

Je vais compter jusqu'à 5 et vous pouvez compter mentalement avec moi.

1. Peut-être que vous pouvez... BOUGEZ... et... RESSENTIR... le contact entre votre peau et vos vêtements.

2. Inspirez… PROFONDEMENT…, soufflez complètement. Comme ça, très bien.
3. Peut-être que vous pouvez voir de la lumière au travers de vos paupières; peut-être même que vous pouvez commencer à bouger vos mains, vous étirer, alors que votre cou, votre tête et votre nuque sont parfaitement… DETENDUS… et… RELAXEZ…
4. Apprêtez-vous à… REVENIR ICI ET MAINTENANT…
5. Vous pouvez ouvrir vos yeux; revenez Ici et Maintenant.

Bonjour !

Arrêter de fumer

Peut-être pouvez-vous commencer à fixer un point devant vous, sur le mur par exemple. A partir de maintenant, seul ce point vous intéresse. Soyez... BIEN ATTENTIF... Peut-être que vous pouvez vous intéresser à sa(ses) couleur(s), sa forme, sa taille.

Surtout ne... LAISSEZ... pas... VOTRE ESPRIT S'ECHAPPER..., soyez particulièrement attentif au point devant vous. Faites comme si le point allait s'... ECHAPPEZ..., vous devez le surveiller.

Peut-être que vous pouvez observer le point d'un regard critique, comme pour le noter, le considérer.

N'... ENTREZ... pas... DANS CET ETAT... avant d'avoir... FERMEZ... les... PAUPIERES...

Laissez ces... PAUPIERES... se... FERMEZ... un moment. Très bien.

Durant cette séance, si l'une de mes suggestions ne vous parle pas, vous pouvez la laisser de côté et juste... GARDEZ... ce qui est... BON... pour vous. A tout moment, vous pouvez bouger, ... CHANGEZ... de position pour... DAVANTAGE... de... CONFORT..., bailler, vous gratter; car ce qui est important, c'est que vous... SOYEZ BIEN...

La... PROFONDEUR... de cette... TRANSE... pourra être de moins en plus... PROFONDE... ou de plus en moins en plus... PROFONDE... Ce serait peut-être judicieux de vous poser la question:... PREFEREZ...-vous une transe... PROFONDE... ou une transe... TRES PROFONDE ?

Alors que ces... PAUPIERES... sont... BIEN FERMEZ..., soyez un moment attentif à ce qui se passe à... L'INTERIEUR... de vous-même; ce volume respiratoire par exemple... Chaque inspiration... Chaque... RELACHE...(-ment), Comme ça, très bien.

Plus vous inspirez, comme ceci... et vous soufflez, comme ça... Et plus certaines parties du... CORPS... se... RELÂCHE... se DETEND...(-ent). Vous pouvez être curieux de savoir quelles sont les parties du... CORPS... les plus... DETENDUES...

Peut-être ce bras gauche... REPOSEZ... par ici, ou le bras droit... REPOSEZ... par là. Peut-être l'une ou l'autre de ces deux jambes, peut-être même la tête ? ... DETENDEZ-VOUS...

Alors que vous déglutissez à certains moments ou à d'autres, n'... N'APPROFONDISSEZ... pas... CET ETAT... TOUT DE SUITE..., peut-être... DAVANTAGE... et... PLUS PROFONDEMENT... à votre manière.

DETENDEZ-VOUS...

Pensez... JE ME DETENDS... JE ME DETENDS...

Comme vous pensez... JE ME DETENDS... et que vous entendez... DETENDEZ-VOUS..., cet état s'... APPROFONDIS. Alors que... CET ETAT S'APPROFONDIT..., pensez... JE ME DETENDS... DETENDEZ-VOUS.

Je me demande si vous avez déjà pu voir un escalier qui... DESCENDS... qui... DESCENDS... Comme ça, très bien, et de plus en... PLUS PROFONDEMENT...

Plus vous... DESCENDEZ CET ESCALIER... plus CET ETAT S'APPROFONDIT...

Lorsque vous vous déplacez, je me demande où vous... RANGEZ CES CIGARETTES... Peut-être dans une poche ou dans une autre, peut-être même dans un sac ?

Intéressez-vous précisément à l'endroit où vous... RANGEZ CES CIGARETTES... C'est comment ? De quelle couleur ?

Ne vous... LIBEREZ... pas de ça... TOUT DE SUITE...

Peut-être que vous pouvez visualiser un grand et magnifique parc, là-devant. Commencez à... AVANCEZ... dans ce paysage qui vous... INSPIRE... peut-être tant de... SEREINITE..., de... LIBERTE... Très bien.

Peut-être même que vous pouvez observer attentivement cette superbe montgolfière; un grand ballon dans le parc devant vous.

Je vous propose un magnifique voyage en ballon. C'est parti.

Je ne vous ai pas dit, j'ai comme l'impression que plus j'... INSPIRES... et plus l'enveloppe du ballon se... MOBILISES... Et à chaque inspiration, le ballon s'... ELEVES DAVANTAGE... DAVANTAGE... ENCORE.... DAVANTAGE...

Regardez le ciel, et la montgolfière s'envole.

Je vois comme les composants du paysage rétrécissent. Plus vous vous... ELEVEZ... plus ça... CHANGES... !

Ne... SORTEZ... pas ces... CIGARETTES... de l'endroit où vous les rangiez avant d'être bien... PRET... à les... JETEZ...

Lorsque ce sera fait, regardez-les tomber, tomber, tomber... DAVANTAGE... Alors qu'... ELLES TOMBENT..., ELLES RETRECISSENT... Alors le paysage... CHANGES ENCORE... !

Apprêtez-vous à... VOUS POSER... dans un nouveau lieu tellement... PLUS BEAU..., ... POSITIF... et... BON... pour... VOUS...

Je vais me taire un moment, ne... PROFITEZ... pas... TOTALEMENT... de votre... NOUVELLE VIE... avant d'avoir réentendu ma voix.

Je vais compter jusqu'à 5 et vous pouvez compter mentalement avec moi. Lorsque je prononcerai ce chiffre, vous pourrez faire ce que je vous proposerai de faire si vous en ressentez l'envie, et une partie de vous-même... SAIS TRES BIEN... ce qui va se... PASSEZ..., peut-être... A...-(près)..., ... AUTRE CHOSE...

1. Prenez plusieurs grandes et profondes inspirations. Inspirez... PROFONDEMENT..., relâchez complètement. Comme ça, très bien.
2. Vous pouvez bouger vos doigts et les différentes parties de votre corps.
3. Savez-vous si vous préférez... JETEZ... ou donner les dernières... CIGARETTES... ?
4. Apprêtez-vous à... REVENIR ICI ET MAINTENANT...

5. Vous pouvez ouvrir vos yeux; revenez Ici et Maintenant.

Bonjour !

Perdre du poids

Fermez les yeux.

Avant toute chose, sachez que durant cette séance, si l'une de mes suggestions ne vous parle pas, vous pouvez la laisser de côté et juste... GARDEZ... ce qui est... BON... pour vous. A tout moment, vous pouvez bouger, ... CHANGEZ... de position pour davantage de...CONFORT..., bailler, vous gratter; car ce qui est important, c'est que vous... SOYEZ BIEN...

Peut-être que vous pouvez vous imaginer de l'extérieur; ... VISUALISEZ... les couleurs des vêtements, des chaussures. Alors que vous... ENTENDEZ... ma voix, peut-être même le volume respiratoire, vous... RESSENTEZ... le contact entre les pieds et le sol, entre la peau et les vêtements, ... COMME L'ETAT HYPNOTIQUE TOUT A L'HEURE...

Une partie de vous-même... ENTENDS... ces sons, cette partie qui veille et c'est normal. Peut-être pouvez-vous la... LAISSEZ FAIRE... ce qu'elle a à faire,... NATURELLEMENT..., ... SIMPLEMENT..., et... vous tourner... DAVANTAGE... vers... L'INTERIEUR... de... VOUS-MEME... Plus près d'où... JAILLIS... la source de votre... ENERGIE..., de votre... CONNAISSANCE..., ... PLUS... près des... RESSOURCES... que... VOUS... n'... ALLEZ... pas... UTILISEZ TOUT DE SUITE... POUR VOUS... LIBEREZ... de ce qui ne va pas encore.

Je vous propose de vous imaginer un bel endroit. Intéressez-vous au décor, aux couleurs, aux détails de ce lieu.

Alors que vous… VISUALISEZ… ce lieu qui vous plait, je vais me taire un moment. Lorsque vous réentendrez ma voix, … CES IMAGES… seront encore… PLUS CLAIRES, PLUS BELLES…

DETENDEZ-VOUS…

Pensez… Je me… DETENDS… Je me… DETENDS…

A chaque fois que vous pensez je me… DETENDS… et que vous entendez… DETENDEZ-VOUS…, cet état s'… APPROFONDIS… Alors que cet… ETAT…s'… APPROFONDIS…, pensez je me… DETENDS… DETENDEZ-VOUS…

Peut-être que vous pouvez vous… IMAGINEZ UN CINEMA… VOUS ETES AU CINEMA…

Choisissez un fauteuil. Très bien.

Regardez un moment ce grand écran blanc devant vous; le film n'a pas encore… COMMENCEZ…

Observez le décor de cette salle de cinéma.

Lorsque je vous le dirai, vous allez voir un film. Comme tous les films, celui-ci est fait de plusieurs scènes. C'est… JUSTE UN FILM… Chacune de ces scènes est en fait un moment où la personne que vous avez été n'a pas un bon comportement avec la nourriture. Il s'agit peut-être de moments de grignotages, d'écarts alimentaires ?

C'est… JUSTE UN FILM…

Je vais me taire un moment pour vous permettre de... VISUALISEZ CE FILM... pour la dernière fois.

Je sais comme ce n'est vraiment pas... AGREABLE...

Peut-être que vous pouvez... IMAGINEZ... que vous avez une télécommande... MAGIQUE... COMMENCEZ... par... appuyer sur la touche « avance-rapide » et visualisez le film en accéléré. Allez-y.

Très bien.

Peut-être que vous pouvez faire l'inverse; rembobinez le film. Par exemple, si quelqu'un parle, vous le voyez ravaler ses mots... Allez-y.

Très bien.

Lorsque je vous le dirai,... VOUS... allez... CHANGEZ... le décor du film pour en... FAIRE... une sorte de dessin-animé ou de bande-dessinée humoristique. Vous pouvez par exemple... CHANGEZ... les couleurs... GRANDIR... exagérément ou réduire les objets et les aliments. Vous pouvez aussi rajouter des couleurs criardes; et si quelqu'un ne se comporte pas bien, imaginez-le avec un nez rouge ! Pensez en même temps à une musique comique, celle d'un cartoon par exemple... TRANSFORMEZ... les choses. Allez-y.

C'est très bien.

Rembobinez le film jusqu'au moment qui précède les comportements alimentaires qui n'allaient pas. Lorsque ce sera fait, appuyez sur la touche « pause » de la télécommande et regardez... ATTENTIVEMENT... l'image d'avant que cela commence.

Alors que vous avez appuyé sur la touche « pause », cette… IMAGE… est… NEUTRE, FIXE… TRANSFORMEZ…-la en… NOIR ET BLANC… REDUISEZ… la taille de l'écran de cinéma.

Bien.

Alors que ma voix vous accompagne et que… VOUS… êtes en… TOUTE SECURITE…, nous allons… CHANGEZ… la suite du film, et… VOUS… allez… DEVENIR L'ACTEUR… d'un… PLUS BEAU… film.

… REALISES…(-ons) ensemble ce… NOUVEAU… film, celui de votre… COMPORTEMENT ALIMENTAIRE IDEAL… Une… NOUVELLE… façon d'… ETRE… et d'…AGIR… PLUS BELLE… et… PLUS POSITIVE…

Allez-y.

Un… COMPORTEMENT ALIMENTAIRE PLUS SAIN et… MEILLEUR POUR VOUS… VOYEZ… tout ce qu'il y a à voir, … ENTENDEZ… tout ce qu'il y a à entendre et… RESSENTEZ… tout ce qu'il y a à ressentir de cette… NOUVELLE VIE ! … VIVEZ…-la !

Félicitations !

Prenez plusieurs… GRANDES… et… PROFONDES… inspirations. Inspirez… PROFONDEMENT…, … RELACHEZ COMPLETEMENT…, comme ça, très bien.

Alors que… VOUS… inspirez… PROFONDEMENT… et que… VOUS RELACHEZ…, c'est… SIMPLEMENT…, … NATUREL…(-lement) et… SPONTANEZ…(-ment) que votre… COMPORTEMENT ALIMENTAIRE… sera désormais… MEILLEUR… pour… VOUS… et… PLUS SAIN… qu'avant.

Inspirez… PROFONDEMENT…, soufflez… COMPLETEMENT… C'est bien.

Peut-être que vous pouvez voir de la lumière au travers de vos paupières; peut-être même que vous pouvez… COMMENCEZ… à bouger vos mains, vous étirer, alors que votre cou, votre tête et votre nuque sont… PARFAITEMENT DETENDUS… et… RELAXEZ…

Apprêtez-vous à… REVENIR ICI ET MAINTENANT…

Vous pouvez… OUVRIR VOS YEUX…

Revenez Ici et Maintenant.

Bonjour !

Retrouver confiance en soi

Pour *Milton ERICKSON*, le père de l'Hypnose Ericksonienne, l'Inconscient est un immense réservoir de ressources et de connaissances dans lequel nous emmagasinons, au fur et à mesure de notre Vie, toutes sortes d'images, de sons, d'émotions, de « savoirs-être » et de « savoirs-faire ». Cette séance d'Hypnose va vous apprendre à mobiliser des ressources qui sont déjà en vous, à savoir dans ce cas la confiance en soi, et à les mettre au service de votre Vie présente et future. Grâce à un Auto-Ancrage Auditif et Kinesthésique (technique P.N.L. - Programmation Neuro-Linguistique), nous allons faire glisser cet EdR (Etat de Ressource) vers le moment du besoin, à savoir maintenant et demain. Vous saurez également réactiver cette Ancre à tout moment pour changer instantanément d'état émotionnel et la « recharger » pour la rendre plus puissante et plus efficace.

Durant cette séance d'Hypnose, à un moment précis, je vous demanderai d'Ancrer votre EdR (Etat de Ressource); il vous suffira alors de former un cercle avec le pouce et l'index de la main de votre choix et de prononcer simultanément un mot-clé, peut-être celui auquel vous penserez spontanément, un mot-clé qui traduira peut-être même l'état dans lequel vous serez à ce moment-là.

Avant toute chose, sachez que durant cette séance, si l'une de mes suggestions ne vous correspond pas, vous pouvez la laisser de côté et juste… GARDEZ… ce qui est... BON POUR VOUS... A tout moment, vous pouvez bouger, ... CHANGEZ... de position pour... DAVANTAGE... de... CONFORT..., bailler, vous gratter; car ce qui est important, c'est que vous... SOYEZ BIEN...

Peut-être pouvez-vous commencer à fixer un point devant vous, sur le mur par exemple. A partir de maintenant, seul ce point vous intéresse. Soyez bien attentif. Peut-être que vous pouvez vous intéresser à sa(ses) couleur(s), sa forme, sa taille.

Fermez les yeux... Peut-être que vous pouvez déjà... RESSENTIR... une légère... DETENTE... à... L'INTERIEUR... de vous-même. Goutez-la, ... APPROFONDISSEZ-LA...

Ouvrez les yeux et fixez le point devant vous. Peut-être auriez-vous préféré les... GARDEZ... fermés pour... CONSERVEZ... cet... ETAT... de... RELAXATION AGREABLE... Soyez... BIEN... attentif.

Surtout ne... LAISSEZ... pas... VOTRE ESPRIT S'ECHAPPER...,... SOYEZ... particulièrement attentif au point devant vous. Faites comme si le point allait s'... ECHAPPEZ... et que vous devez le surveiller.

Peut-être que vous pouvez observer le point d'un regarde critique, comme pour le noter, le considérer.

N'... ENTREZ... pas... DANS CET ETAT... avant d'avoir... FERMEZ... les... PAUPIERES.

Laissez ces... PAUPIERES... se... FERMEZ... un moment. Très bien.

Peut-être que vous pouvez vous imaginer dans un... BEL... endroit... AGREABLE...

Intéressez-vous au décor, aux couleurs, aux détails de ce lieu.

... VOYEZ... tout ce qu'il y a à voir,... ENTENDEZ... tout ce qu'il y a à entendre,... RESSENTEZ... tout ce qu'il y a à ressentir; les... BONNES EMOTIONS..., les... BONNES SENSATIONS...

... FAITES... comme si... VOUS... y étiez... REELLEMENT... Et... VOUS... y... ETES..., de plus en plus,... DAVANTAGE...

Je vais me taire un moment. Lorsque vous réentendrez ma voix, vous serez plus... DETENDU...,... RELAXEZ...

DETENDEZ-VOUS...

Pensez je me... DETENDS... Je me... DETENDS...

A chaque fois que vous pensez je me... DETENDS... et que vous entendez... DETENDEZ-VOUS..., cet état s'... APPROFONDIS. Alors que... CET ETAT S'APPROFONDIT..., pensez je me... DETENDS... DETENDEZ-VOUS...

Je vais compter jusqu'à 5 et quand je prononcerai le chiffre 5,... VOUS... serez dans un... MERVEILLEUX... et... CONFORTABLE... état de transe Hypnotique.

1. La respiration est... PLUS... lente et... VOUS... vous... DETENDEZ DAVANTAGE...
2. Cet... ETAT... s'... APPROFONDIS... encore plus... DETENDEZ-VOUS...
3. Le... CORPS... se... RELACHE... se... RELAXE...
4. Savez-vous si vous allez... APPROFONDIR CET ETAT... avant ou après que je prononce le chiffre que vous attendez d'entendre ou que vous n'attendez pas de ne pas entendre ?

5. DETENDEZ-VOUS... DETENDEZ-VOUS...

Remontez le temps et... LAISSEZ VENIR... à votre esprit une... EXPERIENCE... récente ou peut-être... PLUS... éloignée au cours de laquelle... VOUS AVEZ CONFIANCE EN VOUS... RETROUVEZ... les... IMAGES..., les... SONS... et les... EMOTIONS... de... CE MOMENT... de... CONFIANCE EN SOI... Lorsque vous aurez l'impression de... VOIR CETTE CONFIANCE..., ou de... BIEN RESSENTIR... cette façon si particulière et... POSITIVE... de vous... SENTIR..., alors vous pourrez... ANCREZ... cet... ETAT... de... RESSOURCE... en prononçant un mot-clé et en formant simultanément un cercle avec le pouce et l'index... FAITES... comme si vous y étiez,... TRANSPORTEZ-VOUS... dans ce moment précis, et je vais me taire un moment alors que cette... CONFIANCE... va s'... INSTALLEZ EN VOUS...

Avez-vous... ANCREZ... cet... ETAT... de... RESSOURCE... ? Si oui,... VOUS... pourrez alors le... RETROUVEZ... à tout moment en réactivant cette Ancre, c'est-à-dire en prononçant de nouveau ce mot-clé et en reproduisant simultanément le geste qui consiste à faire un cercle avec le pouce et l'index. Vous pourrez également... RECHARGEZ... votre Ancre, il... VOUS... suffira pour cela de faire la même chose lorsque vous vivrez au quotidien un Etat de... RESSOURCE..., peu importe le lieu et le moment. Ainsi,... PLUS... vous... RECHARGE...(-rez) votre Ancre et... PLUS... celle-ci... DEVIENS...(-dra)... PUISSANT...(-e) et... EFFICACE... lorsque vous l'utiliserez...

Si... VOUS... n'avez pas encore... ANCREZ... votre... ETAT... de... RESSOURCE... par manque de temps ou parce que... VOUS... venez... TOUT... juste de... COMPRENDRE... le mécanisme des Ancrages, veuillez re-...COMMENCEZ... la séance.

A présent, je vais vous remmener et je vais pour cela compter jusqu'à 5 et vous pouvez compter mentalement avec moi.

6. Bougez et... RESSENTEZ... le contact entre votre peau et vos vêtements.
7. Inspirez... PROFONDEMENT..., soufflez... COMPLETEMENT... Comme ça, très bien.
8. Peut-être que vous pouvez voir de la lumière au travers de vos paupières, entendre les sons qui vont entourent... Peut-être même que vous pouvez... COMMENCEZ... à bouger vos mains, vous étirer, alors que votre cou, votre tête et votre nuque sont parfaitement... DETENDUS... et... RELAXES...
9. Apprêtez-vous à... REVENIR ICI ET MAINTENANT...
10. Ouvrez vos yeux; revenez Ici et Maintenant.

Bonjour !

Redorer l'estime de soi

L'estime de soi est l'image ou la perception que vous avez de vous-même dans les différents domaines de votre Vie.

L'estime de soi désigne le jugement ou l'évaluation que vous faites de vous-même en rapport avec vos propres valeurs, cela signifie que, lorsque vous réalisez une action que vous considérez « *Congruente** » (par exemple, faire quelque chose que vous vous êtes engagé à faire plutôt que de le remettre au lendemain), vous en sortez valorisé, et lorsque vous évaluez que l'une de vos actions est contraire à vos valeurs (par exemple, le fait de vous être emporté dans une situation alors que vous savez que vous aviez la capacité de rester calme), vous baissez dans votre estime. On parle aussi d'amour-propre.

Bien que l'estime de soi et la confiance en soi soient intimement liées, cette dernière est davantage en rapport avec vos capacités, plus qu'avec vos valeurs.

La grande majorité des difficultés dont une personne peut se plaindre auprès d'un Praticien est la conséquence pure et simple d'une estime de soi insuffisante. **Ce constat fait de cette séance d'Hypnose la technique « phare » de cet ouvrage.**

D'une part,

L'une des solutions pour faire grandir votre amour-propre est l'acceptation de vous-même tel que vous êtes (ce qui ne signifie pas que vous renoncez à évoluer); ce faisant, vous accepterez alors le principe que vous êtes un être perfectible, faillible, avec ses forces et ses faiblesses, alors vous porterez plus facilement sur vous-même un regard plus tolérant. **Cette séance d'Hypnose intègre donc un travail lié à l'acceptation de soi.**

D'autre part,

Parce que votre « niveau » d'estime pour vous-même n'est pas fixe mais se construit au quotidien en réponse à vos actes, **cette séance d'Hypnose vous guidera vers plus de Congruence* et vous apprendrez alors à réagir plus facilement aux situations d'une façon que vous croyez fondamentalement bonne et positive pour vous-même et pour les autres.**

* La *Congruence* est la correspondance exacte entre vos comportements et ce que vous pensez; en d'autres termes, vos actes reflètent vos valeurs. L'inverse de la *Congruence* est l'*Incongruence*.

Alors que vous êtes confortablement installé, vous allez pouvoir… LAISSEZ LE TRAVAIL SE FAIRE…

Dans un moment, votre esprit va avoir l'occasion de… FAIRE… de… NOUVEAUX APPRENTISSAGES... Et tandis que je… VOUS… parle et que vous m'… ECOUTEZ…, peut-être avez-…VOUS DECIDEZ… de ne pas encore… FERMEZ LES YEUX… ou peut-être sont-ils déjà… FERMEZ…

A votre rythme, peut-être que… VOUS… pouvez… FERMEZ LES YEUX… Allez-y. Très bien.
Vous savez peut-être que parfois, derrière les yeux fermés, on peut ne pas voir, juste… LAISSEZ VENIR…

ce qui vient, les pensées qui traversent votre esprit, peut-être certaines images, certaines formes... Et vous... ECOUTEZ MA VOIX... et vous pouvez... DECIDEZ... de lui... FAIRE CONFIANCE..., et tout en ayant conscience de cette voix qui vous accompagne... EN TOUTE SECURITE..., vous pouvez être... ATTENTIF... aux bruits de l'environnement, tout comme vous pouvez être... A L'ECOUTE... de votre ressenti, de tout ce qu'il y a à... RESSENTIR... à... L'INTERIEUR DE VOUS-MEME... Alors peut-être que vous êtes capable de laisser une partie de vous-même se tourner... DAVANTAGE... vers... L'INTERIEUR... vers... L'INTERIEUR...

Peut-être que... VOUS... savez ou que... VOUS... ne savez pas, pour l'instant, quelle est la partie de... VOUS...-même la... PLUS DETENDUE... la... PLUS RELAXEZ... Et peu importe...

Prenez conscience du corps, de sa position, des sensations...

Vous allez... COMMENCEZ... par... RELACHEZ... les différentes parties du corps... Les... RELACHEZ COMPLETEMENT...

Commençons par les pieds... D'abord les tendons, ligaments, peuvent se... RELACHEZ DAVANTAGE...

Les jambes... TOTALEMENT RELAXEZ... les jambes.

Les hanches...

Et en écoutant ma voix, vous continuez à... DETENDRE... le... CORPS...

Et en remontant... AGREABLEMENT... INRRESISTIBLEMENT...

Les épaules… RELACHEZ COMPLETEMENT… les épaules.

Les bras se… RELACHE(-nt)…

Alors cette… DETENTE… est de plus en… PLUS PROFONDE… et se répand.

Dans le cou.

La nuque.

Le visage.

Tout se… DETENDS… et se… RELACHE… de… PLUS EN PLUS…. et vous… LAISSEZ-FAIRE…

DETENDEZ-VOUS…

Je vais me taire un moment pour permettre à cet… ETAT…, à cette… DETENTE…, de… s'…APPROFONDIR DAVANTAGE…

DETENDEZ-VOUS…

Et peut-être que… VOUS… pouvez alors… RESSENTIR… la partie la… PLUS DETENDUE… Laissez cette… DETENTE GRANDIR…, se… REPANDRE… et se… PROPAGEZ… dans le reste du… CORPS…

DETENDEZ-VOUS…

Et vous… RELACHEZ… le corps tout entier. Vous… RELACHEZ… le corps tout entier…

Je vais me taire un moment et je ne reprendrai pas la parole avant que le corps soit... PROFONDEMENT DETENDU...

DETENDEZ-VOUS...

Pensez je me... DETENDS..., je me... DETENDS...

Et... PLUS... vous pensez je me... DETENDS..., et vous entendez... DETENDEZ-VOUS..., et... PLUS... le corps se... DETENDS COMPLETEMENT... TOTALEMENT... et... DAVANTAGE, DAVANTAGE... et de plus en... PLUS PROFONDEMENT...

DETENDEZ-VOUS...

Et c'est peut-être comme... DESCENDS...(-re)... PROFONDEMENT... DESCENDS...(-re)... PLUS PROFONDEMENT...

Toujours plus bas, toujours... PLUS PROFONDEMENT...

TRANQUILLE... PAISIBLE...

Vers le... SOMMEIL... Vers le... SOMMEIL...

En... VOUS... laissant... ALLEZ VERS... un lieu de... CALME... et de... PAIX...

Encore... PLUS PROFOND... et... PAISIBLE...

Alors que ma voix vous accompagne et vous... DETENDS... encore plus, chaque mot vous... RELAXE..., vous... APAISE..., et vous êtes bien, centré, ici et ailleurs, et parfois plus ailleurs qu'ici, et d'autres fois plus ici qu'ailleurs... Un autre moment, peut-être avec du mouvement, des couleurs, des odeurs, des sensations, et tout ça peut revenir... AGREABLEMENT... et... TRANQUILLEMENT... A votre propre rythme. Etre un peu là-bas et un peu là, et peu importe... Et votre esprit peut se... LAISSEZ GUIDER... à la découverte de choses plus ou moins... NOUVELLES... et... BONNES... pour vous.

DE-TEN-DEZ-VOUS...

... VOUS... êtes... BIEN..., simplement... BIEN...

... VOUS... avez... EVOLUEZ...,... VOUS... avez... EVOLUEZ...

TRAVAIL D'ACCEPTATION DE SOI

La personne que... VOUS ETES... aujourd'hui est forcément... DIFFERENT...(-e)... de celle que vous étiez hier. Et pour... COMMENCEZ..., vous allez... VIVRE DANS LE PRESENT... Et alors que je vais me taire un moment, vous allez vous concentrer sur tous les aspects... POSITIFS..., et... UNIQUEMENT... les aspects... POSITIFS..., de la personne que... VOUS... êtes... AUJOURD'HUI...

J'aimerais que vous visualisiez devant... VOUS... la personne que... VOUS ETES... aujourd'hui. Regardez cette personne... UNIQUE... qui a... GRANDIS..., observez-la en détails, de l'extérieur et... DE L'INTERIEUR..., telle qu'elle est au moment présent et avec toutes les... RESSOURCES... et les... QUALITES... qui sont les siennes.... FIXEZ... votre attention sur... SES QUALITES..., sur... TOUT... ce qui la rend... UNIQUE..., sur... TOUT... ce qui la rend... CAPABLE... et... COMPETENTE... dans tel ou tel domaine, portez sur elle ce regard... TOLERANT... et... COMPREHENSIF... que... VOUS... porteriez sur toute autre personne. En un mot... ACCEPTEZ... cette personne telle qu'elle se présente à... VOUS...

Alors que... VOUS... venez d'...ACCEPTEZ... tout ce qu'est cette personne,... VOUS... allez à présent... DEVENIR... elle.

... COMMENCEZ... à imaginer que vous... DEVENEZ CETTE PERSONNE... ou qu'elle... DEVIENS VOUS... Vous... DEVENEZ CETTE PERSONNE... ou elle... DEVIENS VOUS...

Alors vous vous en emplissez, à chaque inspiration, davantage...

Et plus vous inspirez, et plus vous... DEVENEZ CETTE PERSONNE... et elle... DEVIENS VOUS...

Et... PLUS... vous... DEVENEZ CETTE PERSONNE... alors qu'elle... DEVIENS VOUS..., et... PLUS VOUS... inspirez...

Alors vous... REACTUALISEZ... en quelque sorte tout ce que... VOUS ETES..., et vous... DEVENEZ... simplement ce que... VOUS ETES... Vous... LAISSEZ VENIR... tout ça, et tout ça... RAYONNE EN VOUS... Tout ça... RAYONNE EN VOUS...

Et... VOUS... allez à présent... VOUS OUVRIR PLEINEMENT... à la possibilité d'... EVOLUEZ ENCORE..., d'... APPRENDRE... de... NOUVELLES... choses, de... NOUVELLES... façons de voir la... VIE... et le... MONDE... qui vous... ENTOURE...(-nt).

A partir de maintenant, quelque soient le contexte, le moment, les personnes qui vous entourent, ... VOUS VOUS ACCEPTEZ... et... VOUS VOUS ACCEPTEREZ... tel que... VOUS ETES... Vous portez et vous porterez un regard… TOLERANT… sur… VOUS-MEME…

Je répète:

A partir de maintenant, quelque soient le contexte, le moment, les personnes qui vous entourent, … VOUS VOUS ACCEPTEZ… et… VOUS VOUS ACCEPTEREZ… tel que… VOUS ETES… Vous portez et vous porterez un regard… TOLERANT… sur… VOUS-MEME…

TRAVAIL SUR LA CONGRUENCE

Vous allez à présent… APPRENDRE… à réagir… PLUS FACILEMENT… qu'avant aux évènements extérieurs d'une façon Congruente, c'est-à-dire qui reflète ce que… VOUS ETES… et ce que… VOUS VOULEZ… au… PLUS PROFOND… de… VOUS-MEME…

…COMMENCEZ… à imaginer un écran devant vous, peut-être comme au cinéma, vous êtes au cinéma, devant cet écran.

J'aimerais que vous fassiez revenir à votre esprit, et voir sur cet écran devant vous, le souvenir d'une expérience passée, dans laquelle vous n'avez pas été Congruent, c'est à dire le souvenir d'un moment de votre Vie dans lequel… VOUS ADOPTEZ DES COMPORTEMENTS… qui, vous le saviez bien, ne sont pas… BONS POUR VOUS… car,… SIMPLEMENT…, ils ne reflètent pas… CE QUE VOUS VOULEZ… pour votre présent et votre avenir.

Allez-y, regardez ce souvenir pour la dernière fois en faisant comme si vous regardiez un film sur cet écran de cinéma.

Peut-être que vous avez vu ce film, très bien.

Imaginez que vous avez entre les mains une télécommande, comme celle de votre lecteur de DVD ou de votre magnétoscope.

Appuyez alors sur le bouton rembobiner et remontez jusqu'à l'instant qui précède le moment où vous avez adopté un comportement Incongruent. Lorsque ce sera fait, appuyez sur la touche pause de cette télécommande et visualisez alors l'image de l'écran devenue fixe.

Allez-y.

Très bien.

Vous voyez donc une photo devant vous, et vous allez à présent réduire sa taille, la faire rétrécir, rétrécir encore, et cette photo devient de plus en plus petite et minuscule, alors elle disparaît complètement, elle disparaît complètement.

Tout est vide devant vous. Je répète. Tout est vide devant vous.

Et c'est… FORMIDABLE…, parce que ce vide est une merveilleuse opportunité pour… CREEZ… votre… PRESENT… et votre… FUTUR… ! C'est à… VOUS…, là,… TOUT DE SUITE…, de… FABRIQUEZ… devant vous, en imagination, les… COMPORTEMENTS… de remplacement, plus Congruents,… PLUS EN ACCORD… avec… VOUS-MEME… Allez-y et faites comme si vous y étiez,… VIVEZ CETTE EXPERIENCE… de l'intérieur. Voyez tout ce qu'il y a à voir, les images, les couleurs, le décor, les détails, entendez tout ce qu'il y a à entendre, les sons, peut-être les réponses verbales des autres, différentes d'avant car elles sont la simple conséquence de vos… NOUVEAUX

COMPORTEMENTS… ! Alors vous vous souviendrez désormais que pour… CHANGEZ… le Monde,… VOUS… devez… COMMENCEZ… par… VOUS CHANGEZ… vous-même.

Je vais marquer une pause et vous allez… VIVRE PLEINEMENT… cette situation… POSITIVE… et… CONSTRUCTIVE… jusqu'à ce que je reprenne la parole.

DETENDEZ-VOUS…

A partir de maintenant, vos comportements, vos actes, votre manière de penser, vos paroles, sont et seront le reflet de ce que vous voulez pour vous-même et de ce que vous êtes vraiment au fond de vous-même, une personne unique, avec toutes ses différences, un Monde, un joyau…

DETENDEZ-VOUS…

Je vais maintenant vous accompagner jusqu'au point de départ de votre nouvelle Vie et je vais pour cela compter jusqu'au chiffre 5.

1. Vous êtes parfaitement… DETENDU…, prenez quelques… GRANDES… et… PROFONDES… inspirations, inspirez… PROFONDEMENT… soufflez… COMPLETEMENT… Inspirez… PROFONDEMENT… et soufflez COMPLETEMENT… Très bien.
2. … RESSENTEZ… votre corps, vos membres que vous pouvez bouger à votre propre rythme.
3. Apprêtez-vous à revenir Ici et Maintenant, vous pouvez vous étirer.
4. … VOUS ETES… en… PLEINE FORME… et dans quelques instants vous allez… COMMENCEZ A VIVRE… votre… VIE… en conscience et à… CONSTRUIRE… votre… CHEF D'ŒUVRE… !

5. Vous pouvez ouvrir vos yeux,… REVENEZ ICI ET MAINTENANT…

Bonjour !

Retrouver l'enthousiasme

« Il n'y a que deux façons d'envisager la vie. La première est de croire que rien n'est merveilleux. La seconde de considérer que tout tient du miracle. Je choisis la seconde. » Albert Einstein.

L'enthousiasme ? Qu'est ce que c'est ?

L'enthousiasme est la joie et l'énergie que l'on vit en poursuivant un bel objectif que l'on sait réalisable.

L'enthousiasme nous place dans un état d'esprit positif et agit sur la confiance en soi.

Le vrai bonheur est de volonté dit-on, alors faites le choix de l'enthousiasme, de devenir enfin heureux, et ce quoi qu'il arrive dans votre existence, car ce ne sont pas les évènements qui façonnent votre Vie mais la façon dont vous y réagissez. Ainsi, si votre attitude et votre vision du Monde deviennent plus positives, vos choix et vos comportements face aux évènements seront totalement différents et vos conditions de Vie n'en seront que meilleures.

Durant cette séance, si l'une de mes suggestions ne vous convient pas, vous pouvez la laisser de côté et juste… GARDEZ CE QUI EST BON POUR VOUS… A tout moment, vous pouvez bouger, … CHANGEZ… de position pour… DAVANTAGE… de… CONFORT…, car ce qui est important, c'est que vous… SOYEZ BIEN…

Fermez les yeux.

Très bien.

Alors que les paupières sont fermées, commencez à concentrer votre attention sur les pieds. Vous ressentez les pieds, positionnés dans cette position particulière, et vous les... RELACHEZ COMPLETEMENT... RELACHEZ COMPLETEMENT... les pieds.

Alors que vous... RELACHEZ COMPLETEMENT... les pieds, remontez et... RELACHEZ COMPLETEMENT... les jambes.

Comme ça, très bien.

Vous... RESSENTEZ... le contact entre les fesses et le fauteuil (ou bien le lit), et vous... RELACHEZ COMPLETEMENT...

Les mains, les bras.

RELACHEZ COMPLETEMENT... les mains, les bras.

Le dos... RELACHEZ COMPLETEMENT...

Et vous respirez à votre rythme, de plus en... PLUS CALMEMENT, et cette respiration... DEVIENS DE PLUS EN PLUS CALME... et régulière.

Les épaules... RELACHEZ TOTALEMENT... les épaules... RELACHEZ COMPLETEMENT...

Très bien.

La tête, vous... RELACHEZ... la tête... RELACHEZ...

Très bien...

Vous vous sentez de plus en... PLUS RELAXEZ...

DETENDEZ-VOUS...

DETENDEZ-VOUS...

Parcourrez et... RESSENTEZ... les différentes parties du corps pour savoir laquelle est la... PLUS DETENDUE... la... PLUS RELAXEZ... Je vais me taire un moment et je reprendrai la parole quand vous saurez quelle est cette partie.

DETENDEZ-VOUS...

Pensez je me... DETENDS..., je me... DETENDS...

Et vous... RESSENTEZ CETTE DETENTE... dans cette partie du corps... Cette... RELAXATION... devient de plus en... PLUS PROFONDE... PROFONDE... Alors vous... CONTINUEZ... à... RESPIREZ CALMEMENT... Et cette... DETENTE... est... PLUS PROFONDE... encore... ENCORE... ENCORE...

Et vous pouvez... RESSENTIR... comme la... DETENTE... se... PROPAGE... dans les autres parties du corps... Et alors que... VOUS... écoutez ma voix, la... DETENTE... s'... APPROFONDIS... s'... APPROFONDIS DAVANTAGE...

DETENDEZ-VOUS...

A chaque fois que vous entendez... DETENDEZ-VOUS... le corps est 2 fois plus... RELAXEZ...

Commencez à imaginer notre belle planète bleue...

Bleue...

Lumineuse…

Notre belle planète bleue…

Cette image est de plus en plus claire dans votre esprit…

Et peut-être que vous vous trouvez petit à côté de l'immensité de ce Monde…

En fait,… VOUS ETES… vous-même un… MONDE IMMENSE…, un… MONDE UNIQUE… Un Monde dans le Monde… Un Monde qui fait partie du Monde… VOUS FAITES… partie d'un tout…

Et vous… INSPIREZ PROFONDEMENT…

Allez-y…

INSPIREZ PROFONDEMENT…

La… VIE COULE… en vous. La… VIE CIRCULE… à… L'INTERIEUR… de vous-même.

Et vous avez le choix… Vous avez en vous la capacité d'… ETRE HEUREUX…, d'… ETRE BIEN…

Une multitude de raisons de… VOUS SENTIR HEUREUX… Autant de raisons de… VOUS SENTIR HEUREUX MAINTENANT… que vous aviez de raisons de ne pas… VOUS SENTIR HEUREUX… hier… alors… VOUS… allez… LAISSEZ NAITRE LA JOIE… en vous… NAITRE LE BONHEUR EN VOUS…

Et vous l'… INSPIREZ PROFONDEMENT…

Je ne vous connais pas… Et qui que vous soyez, je suis certain que… VOUS ETES QUELQU'UN DE BIEN… car vous voulez... ETRE HEUREUX... Simplement... Juste... ETRE HEUREUX...

Et plus vous... INSPIREZ PROFONDEMENT... Et plus vous... RETROUVEZ L'ENTOUTHIASME... La... JOIE DE VIVRE...

Gouttez enfin à... LA VIE ! LA VIE !

A partir de... MAINTENANT..., quoi qu'il advienne dans votre... VIE..., quelque soit le lieu, le moment,... VOUS ETES... et vous serez... HEUREUX DE VIVRE... ENTOUTHIASTE...

Je répète...

A partir de... MAINTENANT..., quoi qu'il advienne dans votre... VIE..., quelque soit le lieu, le moment,... VOUS ETES... et vous serez... HEUREUX DE VIVRE... ENTOUTHIASTE...

Et plus vous le serez, et plus ce sera facile et naturel pour vous de l'être...

A présent, je vais vous remmener et je vais pour cela compter jusqu'à 5 et vous pouvez compter mentalement avec moi.

1. Bougez et... RESSENTEZ... le contact entre votre peau et vos vêtements.
2. Inspirez... PROFONDEMENT..., soufflez... COMPLETEMENT... Comme ça, très bien.
3. Peut-être que... VOUS POUVEZ... voir le jour ou la lumière au travers de vos paupières, entendre les bruits qui vont entourent... Peut-être même que... VOUS POUVEZ... commencer à bouger vos mains, vous étirer, alors que votre cou, votre tête et votre

nuque sont parfaitement... DETENDUS... et... RELAXEZ...
4. Apprêtez-vous à... REVENIR ICI ET MAINTENANT...
5. Ouvrez vos yeux; ... REVENEZ ICI ET MAINTENANT...

Bonjour !

Se détacher du regard des autres

Vous désirez être moins sensible au regard des autres, garder la juste distance par rapport aux opinions d'autrui, être moins influençable. Je vais vous aider à mettre en place une « bulle protectrice Inconsciente » qui désormais laissera seulement venir à vous les belles et bonnes choses. Vous pourrez ainsi rester vous-même en toutes circonstances !

Au cours de cette séance, si l'une de mes suggestions ne vous correspond pas, vous pouvez la laisser de côté et juste... GARDEZ CE QUI EST BON POUR VOUS... A tout moment, vous pouvez bouger, ... CHANGEZ DE POSITION POUR DAVANTAGE DE CONFORT..., bailler, vous gratter, et d'une manière générale faire tout ce que vous voulez; car ce qui est important, c'est que vous... SOYEZ BIEN...

Installez-vous bien confortablement. Fermez les yeux et laissez le corps... REPOSEZ TRANQUILLEMENT..., comme ça, très bien. Peut-être que vous pouvez... SENTIR... le... POIDS... du corps, ou peut-être pas encore. Alors que ces... PAUPIERES... sont... FERMEZ... et que vous êtes... INSTALLEZ... bien... CONFORTABLEMENT..., vous pouvez percevoir ou... RESSENTIR... laquelle des parties du corps est la plus... LOURD...(-e).

Je vais me taire un moment, et lorsque vous réentendrez ma voix, peut-être que cette partie sera... PLUS LOURD...(-e) encore.

... DETENDEZ-VOUS... DETENDEZ-VOUS...

Pensez je me... DETENDS... Je me... DETENDS...

Avez-vous réussi à... RESSENTIR... la... LOURDEUR... de la partie la plus... LOURDE... du corps ?

SANTE... ce corps qui... VIE... L'air qui... ENTRE EN VOUS... à chaque inspiration, tout ce qui circule... A L'INTERIEUR... Ca... CIRCULES..., comme cet air qui circule dans les poumons, comme le sang qui... CIRCULES... dans les veines, comme la... DETENTE... de cette partie là qui... CIRCULES... dans d'autres parties... Imaginez-la,... RESSENTEZ...-la, faites comme si elle... CIRCULE... (-ait) dans le... CORPS TOUT ENTIER...

... DETENDEZ-VOUS... DETENDEZ-VOUS...

Pensez je me... DETENDS... Je me... DETENDS...

Peut-être que le... CORPS... n'... EST... pas... TOUT DE SUITE... de plus en plus... LOURD...

... LOURD...

... LOURD...

Cela me fait... PENSEZ AU POIDS... de ces deux sacs de courses bien remplis. Je... RESSENS... le contact entre les mains et les poignées de ces deux sacs de courses... TOUT LOURD... J'ai hâte d'arriver à la voiture, de... DECHARGEZ TOUT CA..., ou de... CHARGEZ TOUT CA... c'est la même chose non ? ... DETENDEZ-VOUS...

... LOURD...

... TOUT LOURD...

... LOURD... et... PESANT... à la fois.

On dit souvent que le... CORPS... et l'esprit sont liés. Que se passerait-il s'ils ne l'étaient pas ?

Peut-être alors que vous pourriez... LAISSEZ DE COTE..., un moment, ce... CORPS LOURD..., pour être... DAVANTAGE... en pensée, en esprit ? Une... PENSEZ... qui... PEUX VOYAGEZ... VOYAGEZ... dans la maison ou l'appartement...

... VOYAGEZ... dans ce monde qui... ENTOURE CE CORPS... allongé...

Et pendant ce temps, ... LAISSEZ LE CORPS... faire ce qu'il a à faire... RESPIREZ... tout seul, comme quand... VOUS DORMEZ... le cœur battre tout seul... le corps... VIVRE... de façon... AUTONOME...

Alors peut-être que vous pouvez... COMMENCEZ... à... PERCEVOIR... ou à... SENTIR L'EXPERIENCE... de cette... BULLE PROTECTRICE... qui va... ENTOURE...(-z)... LE CORPS...

Plus vous... RESPIREZ..., et... PLUS... la... BULLE PROTECTRICE PRENDS FORME...

Et plus la... BULLE PROTECTRICE PRENDS FORME... et plus vous... RESPIREZ... Et comme vous... RESPIREZ... en... DORS...(-mant) et aussi quand... VOUS... ne... DORMEZ... pas, les choses seront comme ça quand... VOUS... ne... DORMEZ... pas.

La... BULLE... La... BULLE... Désormais, où que vous soyez, quelques soient les personnes qui... VOUS

ENTOURE…, vous… GARDEZ LA BONNE DISTANCE… par rapport à ce qui se passe en dehors de votre… BULLE… Vous… RESTEZ-VOUS-MEME…

N'… INTEGREZ… pas… TOTALEMENT… avant d'avoir réentendu ma voix…

A présent, je vais vous remmener et je vais pour cela compter jusqu'à 5 et vous pouvez compter mentalement avec moi.

1. Bougez et… RESSENTEZ… le contact entre votre peau et vos vêtements, alors que… LA BULLE S'INTEGRE…
2. Inspirez… PROFONDEMENT…, soufflez… COMPLETEMENT… Comme ça, très bien.
3. Peut-être que vous pouvez voir de la lumière au travers de vos paupières, entendre les sons qui… VOUS ENTOURE… Peut-être même que vous pouvez commencer à bouger vos mains, vous étirer, alors que votre cou, votre tête et votre nuque sont parfaitement… DETENDUS… et… RELAXES…
4. Apprêtez-vous à… REVENIR ICI ET MAINTENANT…
5. Ouvrez vos yeux;… REVENEZ ICI ET MAINTENANT…

Bonjour !

Régression Hypnotique
Voyage dans le temps

« La mémoire n'est-elle pas un voyage dans le temps ? » Jacques Lacarrière.

L'Inconscient est un immense réservoir dans lequel nous emmagasinons, au fur et à mesure de notre existence, toutes sortes de connaissances, de savoirs-être, de savoirs-faire, d'images, de sons, de sensations... Autant d'expériences et de ressources auxquelles nous pouvons réaccéder grâce aux techniques de régression Hypnotique.

Cette séance d'Hypnose va vous permettre d'explorer et de revivre les moments heureux et positifs de votre passé.

Cette séance d'Hypnose nécessite que vous soyez allongé(e) dans un lit. Je vais marquer une pause et me taire un moment pour que vous preniez le temps de vous installer confortablement.

Vous êtes à présent allongé(e). Très bien.

Au cours de la séance qui va suivre, si l'une des paroles ne vous convient pas, sachez que vous pouvez tout à fait la laisser de côté. Vous avez également la possibilité de bouger ou de changer de position pour... PLUS DE CONFORT... Ce qui est important, c'est que vous... SOYEZ BIEN...

Vous êtes donc allongé(e) dans ce lit et peut-être que vous pouvez commencer à… FERMEZ LES YEUX…

Allez-y.

Vous venez de… FERMEZ LES YEUX…

Concentrez-vous un moment sur ce qui se passe… A L'INTERIEUR DE VOUS-MÊME…

Les émotions…

Les sensations…

La respiration…

Peut-être que vous pouvez être pendant un moment… A L'ECOUTE DE VOUS-MEME…

Très bien.

Peut-être que vous pouvez… RELACHEZ… les différentes parties du… CORPS… pour vous… DETENDRE DAVANTAGE… et pour… COMMENCEZ L'EXPERIENCE ?

… COMMENCEZ… par… RELACHEZ… les pieds et les jambes.

Vous… RELACHEZ COMPLETEMENT… les pieds et les jambes.

Alors que vous… RESSENTEZ… le contact entre le corps et les draps, entre la tête, le cou, la nuque, et l'oreiller… RELACHEZ… les épaules, les bras, les mains, les doigts, pour… APPROFONDIR CET ETAT… de… DETENTE…

Les épaules, les bras, les mains, les doigts.

... DETENDEZ-VOUS...

Peut-être que vous pouvez alors... RELACHEZ TOTALEMENT... le cou, la nuque, et la tête qui s'... ENFONCE ENCORE PLUS... dans cet oreiller.

Le cou, la nuque, la tête... ENCORE PLUS...

Et comme le volume respiratoire... DEVIENS PLUS CALME..., un endroit du... CORPS DEVIENS PLUS LOURD...

Et je ne sais pas si vous savez quel est l'endroit du... CORPS LE PLUS LOURD... et le... PLUS PESANT... ?

Peut-être que vous pouvez concentrer votre attention ou votre... SENSATION... sur la... PARTIE... la... PLUS LOURDE... du... CORPS..., ou peut-être pas en-...CORPS... PLUS PESANT...(-e).

Comme les paupières sont fermées et que le corps est immobile, allongé sur ce lit, la... LOURDEUR... va... SE PROPAGE...(-er), se... REPEND...(re), dans le reste du... CORPS...

... LOURD...

... TOUT LOURD...

Le... CORPS... est... LOURD...

Comme une... MASSE PESANTE...

... LOURD...

... TOUT LOURD...

Comme du… PLOMB…

… LOURD… et… PESANT… à la fois.

Alors que le… CORPS… est de plus en… PLUS LOURD… et… PLUS LOURD… en-…CORPS…, vous allez… RESSENTIR… qu'il… RESSENS… qu'il s'… ENFONCE… dans ce lit.

… PROFONDEMENT…

… Le… CORPS… s'…ENFONCE… dans ce lit.

… LOURD…

… TOTALEMENT LOURD…

Vers le centre de la terre.

… DETENTE PROFONDE…

… DESCENTE PROFONDE…

Alors peut-être que vous pouvez… INSPIREZ PROFONDEMENT… pour vous préparer à vous… DETACHEZ… du corps et à vous… ELEVEZ… en imagination.

Imaginez que… VOUS VOUS ELEVEZ…

Imaginez que… VOUS VOUS DETACHEZ… du corps.

En imagination, vous êtes… AU DESSUS… du lit.

Puis… AU DESSUS… de la maison ou de l'appartement, que vous pouvez voir, en imagination.

Alors que… VOUS VOUS ENVOLEZ…

... VOUS VOUS ENVOLEZ...

Et vous... DEVENEZ... de plus en... PLUS LEGER...

... LEGER... LEGER...

... VOUS VOUS ENVOLEZ...

... LEGEREMENT...

... LIBREMENT...

Et pendant que... VOUS VOLEZ TOUT LEGEREMENT..., je vais me taire un instant.

... LEGER... LEGER...

Et je n'ai pas parlé un ins-...TEMPS...

Un ins-... TEMPS... pour... LAISSEZ PASSER... le... TEMPS...

Pour avoir du... TEMPS...

Pour prendre tout son... TEMPS...

Et réfléchir un ins-...TEMPS... à ne pas perdre son... TEMPS... ou ne plus vivre à contre-...TEMPS... comme si ce n'était plus qu'un passe-...TEMPS...

Et peu importe car le ...TEMPS... n'a plus d'importance, alors vous pouvez laisser au... TEMPS... le... TEMPS... de prendre tout son... TEMPS...

Vous êtes dans un couloir et vous voyez devant vous la porte d'accès d'un ascenseur.

Je répète.

Vous êtes dans un couloir et vous voyez devant vous la porte d'accès d'un ascenseur.

Les portes s'ouvrent et vous pénétrez dans l'ascenseur.

Vous êtes dans l'ascenseur du... TEMPS...

Et vous pouvez... VOIR CE CADRAN... devant vous.

Il y a aussi... LES BOUTONS... pour... LES ETAGES DU TEMPS...

Et chaque étage est un moment... HEUREUX... et... POSITIF... de... VOTRE VIE...

Appuyez sur le bouton de votre choix pour... RETOURNEZ A CETTE EPOQUE...

Allez-y.

L'ascenseur... DESCENDS DANS LE TEMPS...

Je répète.

L'ascenseur... DESCENDS DANS LE TEMPS...

Et... LE TEMPS DEFILE..., en arrière,... LE TEMPS DEFILE..., toujours plus, en arrière,... ENCORE...

L'ascenseur s'arrête et les portes s'ouvrent.

... REGARDEZ, RESSENTEZ...; vous êtes à... CETTE EPOQUE...

Je vais me taire un moment pour vous permettre de... RETROUVEZ... tous... LES DETAILS... et toutes... LES SENSATIONS... de cette... BELLE... et... BONNE... expérience de votre Vie. Lorsque vous réentendrez ma voix, vous serez en train de la... VIVRE TOTALEMENT... de... L'INTERIEUR...

...DETENDEZ-VOUS...

Retournez à présent dans l'ascenseur du... TEMPS...

Alors que vous êtes dans l'ascenseur, appuyez sur le bouton revenir.

L'ascenseur commence à... REMONTEZ...

... RESPIREZ CALMEMENT...

Et comme l'ascenseur... REMONTE..., vous... RESPIREZ CALMEMENT...

Très bien.

Et vous... COMMENCEZ... à... SENTIR VOTRE CORPS...

Vous... RESSENTEZ VOTRE CORPS...

Vous voyez l'image de votre chambre qui se rapproche.

L'image de votre chambre se rapproche encore et de plus en plus.

En imagination,... REINTEGREZ VOTRE CORPS...

... BOUGEZ... peut-être vos orteils, vos doigts, ou d'autres parties de... VOTRE CORPS...

Vos paupières peuvent peut-être devenir plus légères... INSPIREZ PROFONDEMENT...

Attention, apprêtez-vous à… REVENIR ICI ET MAINTENANT…

Les portes de l'ascenseur s'ouvrent et vous pouvez… OUVRIR VOS YEUX…

… REVENEZ ICI ET MAINTENANT… !

Bonjour !

A DECOUVRIR…

(DU MEME AUTEUR)

Auto-Hypnose : Mode d'emploi

L'être humain est-il fait pour vivre les tensions que la société moderne, occidentale, lui inflige ?

L'Auto-Hypnose, la pratique de l'Hypnose sur - et par - soi-même, s'affiche et s'affirme aujourd'hui comme une méthode efficace pour lutter contre le stress, et plus globalement pour améliorer son état émotionnel et psychique.

Ce livre vous apprendra ce que sont réellement l'Hypnose et l'Auto-Hypnose, et comment vous pouvez dès maintenant les mettre en pratique, simplement, rapidement, et en toute autonomie, pour évoluer dans votre vie.

Formations et stages en Hypnose

L'*Ecole Française d'Hypnose* organise des formations et des stages en Hypnose Ericksonienne, Hypnose Classique et Auto-Hypnose.

**Découvrez nos formations et stages,
les dates et tarifs sur <u>www.formation-hypnose.fr</u>**